Ein Hundezuchtunternehmen gründen Buch für Anfänger

Leitfaden für Züchter zu kostenlosem Geld, Hundegeschäftsartikeln, Diensthunden und der Geburt von Welpen

Von Brian Mahoney

**Urheberrecht © 20124 Brian Mahoney
Alle Rechte vorbehalten.**

Haftungsausschluss

Dieses Buch wurde als Leitfaden für die Gründung eines Unternehmens geschrieben. Wie jede andere renditeträchtige Tätigkeit birgt auch die Gründung eines Unternehmens ein gewisses Risiko. Dieses Buch soll nicht an die Stelle einer buchhalterischen, rechtlichen, finanziellen oder sonstigen professionellen Beratung treten. Wenn Sie in einem dieser Bereiche Beratung benötigen, sollten Sie die Dienste eines Fachmanns in Anspruch nehmen.

Obwohl der Autor versucht hat, die Informationen in diesem Buch so genau wie möglich zu gestalten, wird keine Garantie für die Richtigkeit oder Aktualität der einzelnen Punkte übernommen. Gesetze und Verfahren im Zusammenhang mit der Wirtschaft ändern sich ständig.

Daher haftet Brian Mahoney, der Autor dieses Buches, in keinem Fall für besondere, indirekte oder Folgeschäden oder für Schäden jeglicher Art, die im Zusammenhang mit der Nutzung der hier bereitgestellten Informationen stehen.

Alle Rechte vorbehalten

Kein Teil dieses Buches darf ohne schriftliche Genehmigung des Autors in irgendeiner Weise verwendet oder vervielfältigt werden.

Inhaltsübersicht

CCapitel 1 Überblick über die Hundezucht

Kapitel 2 Fortpflanzung und Welpenaufzucht bei Hunden

Kapitel 3 Leitfaden für die Zucht von Diensthunden

Kapitel 4 Zubehör und Ausrüstung für die Hundezucht

Kapitel 5 Der Einstieg ins Geschäftsleben - Schritt für Schritt

Kapitel 6 Der beste Weg, einen Geschäftsplan zu schreiben

Kapitel 7 Unternehmensversicherung

Kapitel 8 Goldgrube der staatlichen Zuschüsse

Kapitel 9 Gigantisches Bargeld aus Crowdfunding

Kapitel 10 Marketing Wie Sie kostenlos eine Milliarde Menschen erreichen!

Kapitel 11 HUNDEZUCHT WEB-RESSOURCE GUIDE

Kapitel 1
Hundezucht Übersicht

Übersicht über die Hundezucht

HUNDEZUCHT

Amerikanischer Hundezüchterverband

Die American Dog Breeders Association, Inc. wurde im September 1909 als Verein für mehrere Rassen gegründet. Der amtierende Präsident, Guy McCord, war ein begeisterter Liebhaber und Züchter des American Pit Bull Terriers und ein enger Freund von John P. Colby. Herr Colby war die Hauptstütze der A.D.B.A., die sich rühmte, die "Heimat"-Registrierungsstelle der Colby-Hunde zu sein. Alle Mitglieder, die einen guten Ruf genossen, konnten ihre Hunde und Würfe gegen eine jährliche Gebühr von 2,50 Dollar bei der Registrierungsabteilung anmelden. Es scheint, dass die Idee der exklusiven Mitglieder allmählich durch ein offenes Register für alle Besitzer und Züchter von reinrassigen Hunden ersetzt wurde. Mit der Zeit konzentrierte sich der Verband auf die Registrierung des American Pit Bull Terrier.

Übersicht über die Hundezucht

Die A.D.B.A. ging 1951 aus den Händen von Herrn McCord an Herrn Frank Ferris über. Zusammen mit seiner Frau Florence Colby (der Frau des verstorbenen John P. Colby) führte er die A.D.B.A. in begrenztem Umfang weiter, jedoch mit immer größerem Nachdruck auf die ausschließliche Registrierung der A.P.B.T.-Rasse.

1973 erwarben Ralph Greenwood und seine Familie auf Empfehlung von Howard Heinzl die A.D.B.A. von Frank Ferris, der sich aufgrund seines fortgeschrittenen Alters zur Ruhe setzte. (Herr Heinzl war ein persönlicher Freund von Frank Ferris und ein überzeugter Unterstützer der A.D.B.A., da er seine Hunde ausschließlich bei der A.D.B.A. registrierte) Wir wünschen uns oft, dass Frank das Wachstum der heutigen Vereinigung noch hätte miterleben können. Er hätte sich darüber gefreut.

Der Verband wächst in den USA und anderen Ländern in Übersee weiter. Die American Dog Breeders Association Inc. ist die größte Registrierungsstelle für den American Pit Bull Terrier und nimmt nun auch andere reinrassige Hunde, in der Regel Arbeitsrassen, auf.

Ab dem 27. Oktober 2006 öffnet das Register sein Zuchtbuch für die Aufnahme anderer reinrassiger Hunde.

Übersicht über die Hundezucht

Was ist Hundezucht?

Unter Hundezucht versteht man die Verpaarung ausgewählter Hunde mit der Absicht, bestimmte Eigenschaften und Merkmale zu erhalten oder hervorzubringen. Wenn sich Hunde ohne menschliches Zutun fortpflanzen, werden die Eigenschaften ihrer Nachkommen durch natürliche Auslese bestimmt, während "Hundezucht" sich speziell auf die künstliche Auslese von Hunden bezieht, bei der Hunde von ihren Besitzern absichtlich gezüchtet werden. Eine Person, die absichtlich Hunde verpaart, um Welpen zu erzeugen, wird als Hundezüchter bezeichnet. Die Zucht beruht auf der Wissenschaft der Genetik, d. h. der Züchter mit Kenntnissen der Hundegenetik, der Gesundheit und des Verwendungszwecks der Hunde versucht, geeignete Hunde zu züchten.

Übersicht über die Hundezucht

Geschichte

Drei Generationen von "Westies" in einem Dorf in Fife, Schottland

Der Mensch hat seit prähistorischen Zeiten Populationen nützlicher Tiere in der Nähe seines Lebensraumes gehalten. Sie haben absichtlich Hunde gefüttert, die sie für nützlich hielten, während sie andere vernachlässigten oder töteten, wodurch sich über Jahrtausende eine Beziehung zwischen Menschen und bestimmten Hundetypen entwickelte. Im Laufe dieser Jahrtausende haben sich die domestizierten Hunde zu verschiedenen Typen oder Gruppen entwickelt, z. B. zu Hütehunden, Jagdhunden und Windhunden. Die künstliche Selektion in der Hundezucht hat das Verhalten, die Form und die Größe der Hunde in den letzten 14.000 Jahren beeinflusst.

Die Entwicklung von Hunden aus Wölfen ist ein Beispiel für Neotenie oder paedomorphe Selektion, die zur Beibehaltung von jugendlichen körperlichen Merkmalen führt. Im Vergleich zu Wölfen behalten viele erwachsene Hunderassen jugendliche Merkmale wie weiches, flauschiges Fell, runde Körper, große Köpfe und Augen, Ohren, die eher herunterhängen als aufrecht stehen, usw.; Merkmale, die von den meisten jugendlichen Säugetieren geteilt werden und daher im Allgemeinen ein gewisses Maß an Schutz- und Fürsorgeverhalten bei den meisten erwachsenen Säugetieren, einschließlich der Menschen, hervorrufen, die solche Merkmale als "niedlich" oder "ansprechend" bezeichnen.

Übersicht über die Hundezucht

Es hat sich gezeigt, dass diese Eigenschaften eine erwachsene Wölfin sogar dazu veranlassen können, sich gegenüber Hundewelpen defensiver zu verhalten als gegenüber Wolfswelpen. Das Beispiel der Neotenie bei Hunden geht sogar noch weiter, da die verschiedenen Hunderassen je nach Art des ausgewählten Verhaltens unterschiedlich neotenisiert sind.

Um diese Unterscheidungen aufrechtzuerhalten, haben Menschen absichtlich Hunde mit bestimmten Merkmalen gepaart, um diese Merkmale bei den Nachkommen zu fördern. Auf diese Weise haben sich Hunderte von Hunderassen entwickelt. Ursprünglich war der Besitz von Gebrauchshunden und später auch von reinrassigen Hunden ein Privileg der Wohlhabenden. Heute können es sich viele Menschen leisten, einen Hund zu kaufen. Einige Züchter haben sich für die Zucht reinrassiger Hunde entschieden, während andere es vorziehen, die Geburt eines Welpenwurfs in einem Hunderegister, z. B. einem Zwingerverein, zu registrieren, um ihn in Zuchtbüchern wie denen des AKC (American Kennel Club) zu erfassen.

Solche Register führen Aufzeichnungen über die Abstammung von Hunden und sind in der Regel mit Zwingervereinen verbunden. Die Pflege korrekter Daten ist für die Rassehundezucht wichtig. Der Zugang zu den Aufzeichnungen ermöglicht es einem Züchter, die Stammbäume zu analysieren und Merkmale und Verhaltensweisen vorauszusehen.

Übersicht über die Hundezucht

Die Anforderungen für die Zucht von eingetragenen reinrassigen Hunden variieren zwischen den einzelnen Rassen, Ländern, Zuchtverbänden und Registern. Es wurde festgestellt, dass "die Ergebnisse darauf hindeuten, dass die selektive Zucht durch den Menschen nicht nur die Schnauzen bestimmter Hunderassen gequetscht, sondern auch ihre Gehirne geformt hat" (Scientific American, 2010). Züchter müssen sich an die Regeln der jeweiligen Organisation halten, um an deren Programmen zur Erhaltung und Entwicklung der Rasse teilzunehmen. Die Regeln können sich auf die Gesundheit der Hunde beziehen, z. B. Röntgenaufnahmen der Gelenke, Hüfttests und Augenuntersuchungen, auf Arbeitseigenschaften, z. B. das Bestehen eines speziellen Tests oder Erfolge bei einer Prüfung, und auf das allgemeine Erscheinungsbild, z. B. die Bewertung eines Hundes durch einen Rasseexperten. Viele Register, vor allem die in Nordamerika, sind jedoch keine Polizeibehörden, die Hunde von schlechter Qualität oder Gesundheit ausschließen. Ihre Hauptaufgabe besteht einfach darin, Welpen von Elterntieren zu registrieren, die selbst registriert sind.

Übersicht über die Hundezucht

Kritik

Manche Hunde haben bestimmte vererbbare Merkmale, die sich zu einer Behinderung oder Krankheit entwickeln können. Die Hüftdysplasie des Hundes ist eine solche Erkrankung. Einige Augenanomalien, einige Herzerkrankungen und einige Fälle von Taubheit sind nachweislich vererbbar. Es gibt umfangreiche Studien zu diesen Erkrankungen, die in der Regel von Rasseclubs und Hunderegistern gefördert werden, während spezialisierte Rasseclubs Informationen über häufige Gendefekte für ihre Rassen bereitstellen. Darüber hinaus sammeln spezielle Organisationen wie die Orthopedic Foundation for Animals Daten und stellen sie Züchtern und der Öffentlichkeit zur Verfügung. Krankheiten wie Hüftdysplasie können einige Rassen stärker betreffen als andere.

Einige Register, wie z. B. der American Kennel Club, können eine Bescheinigung über das Nichtvorhandensein bestimmter genetischer Defekte, eine so genannte Zertifizierung, in die Akte eines einzelnen Hundes aufnehmen. Der nationale Rasseklub für Deutsche Schäferhunde in Deutschland ist beispielsweise ein Register, das anerkennt, dass Hüftdysplasie ein genetischer Defekt bei Hunden dieser Rasse ist.

Übersicht über die Hundezucht

Dementsprechend müssen alle Hunde auf das Vorhandensein von Hüftdysplasie untersucht werden, damit ihre Nachkommen registriert werden können, und die Ergebnisse werden in die Stammbäume der einzelnen Hunde eingetragen.

Es gibt BBC-Dokumentationen mit den Titeln "Pedigree Dogs Exposed" und "Pedigree Dogs Exposed - Three Years On", in denen gesundheitliche Probleme bei Hunden aufgrund von Inzucht beschrieben werden. Probleme wie Atemprobleme bei den Rassen Mops und Pekingese, Wirbelsäulenprobleme bei der Rasse Dackel und Syringomyelie bei der Rasse Cavalier King Charles Spaniel.

Einige Wissenschaftler argumentieren, dass die Fortschritte in der künstlichen Fortpflanzungstechnologie für die Hundezucht zwar hilfreich sein können, aber auch "schädliche Auswirkungen" haben, wenn sie anstelle der Prinzipien der natürlichen Selektion übermäßig eingesetzt werden. Diese Wissenschaftler fordern ein tieferes Verständnis der natürlichen Selektion, das zu einem naturalistischeren Ansatz in der Hundezucht führt.

Übersicht über die Hundezucht

Reinrassiger Hund

Ein reinrassiger Hund ist in der Regel ein Hund einer modernen Hunderasse mit einem dokumentierten Stammbaum in einem Zuchtbuch und kann bei einem Zuchtverein registriert sein, der auch Teil eines nationalen Zwingerclubs sein kann.

Der Begriff "Rassehund" kann auch in anderer Weise verwendet werden, um Hunde bestimmter Hundetypen und Landrassen zu bezeichnen, die keine modernen Rassen sind. Der Biologe Raymond Coppinger nennt als Beispiel einen italienischen Schäfer, der nur die weißen Welpen aus den Würfen seines Schafhüters behält und den Rest aussortiert, weil er die weißen Welpen als reinrassig definiert. Coppinger sagt: "Die Definition des Schäfers von rein ist nicht falsch, sie ist nur anders als meine." Die übliche Definition ist jedoch diejenige, die sich auf moderne Rassen bezieht.

Anmeldung

Reinrassige Hunde sind reinrassige Mitglieder moderner Rassen. Diese Hunde können bei einem Zuchtverein registriert sein. Bei den Zuchtvereinen kann es sich um ein offenes oder ein geschlossenes Zuchtbuch handeln, der Begriff kann auf beides angewandt werden. In der Regel ist der Rasseclub auch mit einem Zwingerclub (AKC, UKC, CKC usw.) verbunden. Hunde, die bei einem Rasseklub registriert sind, werden jedoch gewöhnlich als "registriert" bezeichnet.

Übersicht über die Hundezucht

Manche verwenden den Begriff ausschließlich für einen Hund, der auch bei einem Rasseklub registriert ist, aber häufiger wird er einfach als Oberbegriff für Hunde verwendet, die bekannte Stammbäume innerhalb einer standardisierten Rasse haben. Ein reinrassiger Hund ist nicht gleichbedeutend mit einem hochwertigen Hund. Er sagt nichts über die Qualität der Gesundheit, des Temperaments oder der Klugheit des Hundes aus, sondern ist lediglich ein Hinweis darauf, dass die Abstammung des Hundes nach Angaben des Züchters bekannt ist. Während einige Rasseklubs heute die Abstammung durch DNA-Tests garantieren können, müssen sich die meisten Rasseklubs ausschließlich auf das Wort des Züchters und seine Wahl der Abstammung verlassen. In den Anfangsjahren des Kennel-Club-Konzepts war dies kein Problem, da die Hundezucht nur von sehr wohlhabenden Menschen betrieben wurde und ihr Ruf auf dem Spiel stand. Im modernen Zeitalter der Zucht muss man sich jedoch darüber im Klaren sein, dass selbst ein DNA-geprüfter reinrassiger und registrierter Champion, der nationale Wettbewerbe gewonnen hat, ernsthafte Gesundheitsprobleme haben kann.

Übersicht über die Hundezucht

Das geschlossene Zuchtbuch setzt voraus, dass alle Hunde von einer bekannten und registrierten Gruppe von Vorfahren abstammen; dies führt zu einem Verlust an genetischer Variation im Laufe der Zeit sowie zu einem gut identifizierbaren Rassetyp, der die Grundlage des Ausstellungssports ist. Um bestimmte Merkmale zu verbessern, sind die meisten modernen reinrassigen Hunde, die in geschlossenen Zuchtbüchern eingetragen sind, hochgradig ingezüchtet, was die Möglichkeit genetisch bedingter Krankheiten erhöht.

Das offene Zuchtbuch, d. h. eine gewisse Auskreuzung ist zulässig, wird häufig in Hütehund-, Jagdhund- und Gebrauchshunderegistern (Gebrauchshunde im Sinne von Polizeihunden, Assistenzhunden und anderen Hunden, die direkt mit Menschen und nicht mit Wild oder Vieh arbeiten) für Hunde verwendet, die nicht auch im Ausstellungssport eingesetzt werden. Es wird davon ausgegangen, dass Kreuzungen mit anderen Rassen und die Zucht auf Arbeitseigenschaften (und nicht auf das Aussehen) zu einem gesünderen Hund führen. Die übermäßige Verwendung eines bestimmten Deckrüden aufgrund der Erwünschtheit seines Arbeitsstils oder Aussehens führt zu einer Einschränkung der genetischen Vielfalt, unabhängig davon, ob die Rasse ein offenes oder ein geschlossenes Zuchtbuch verwendet.

Übersicht über die Hundezucht

Der Jack Russell Terrier Club of America erklärt: "Inzucht begünstigt sowohl hervorragende als auch schädliche Gene. Einige Rassen mit offenem Zuchtbuch, wie der Jack Russell Terrier, haben strenge Beschränkungen für Inzucht.

Hundekreuzungen

Hundekreuzungen (Kreuzungen der ersten Generation aus zwei reinrassigen Hunden, auch Hundehybride genannt) sind keine Rassen und gelten nicht als reinrassig, obwohl Kreuzungen aus denselben zwei reinrassigen Hunden "identische Eigenschaften" haben können, ähnlich dem, was man bei der Verpaarung von zwei reinrassigen Hunden erwarten würde, jedoch mit mehr genetischer Variation. Kreuzungen sind jedoch keine echten Züchtungen (d. h. die Nachkommen weisen gleichbleibende, reproduzierbare und vorhersehbare Merkmale auf) und können nur durch Rückführung auf die beiden ursprünglichen reinrassigen Rassen reproduziert werden.

Bei Rassen von Jagd-, Hüte- oder Gebrauchshunden in offenen Zuchtbuchregistern kann ein gekreuzter Hund als Angehöriger der Rasse eingetragen werden, der er am ähnlichsten ist, wenn der Hund in der Art der Rasse arbeitet.

Übersicht über die Hundezucht

Einige Jagd-, Hüte- oder Gebrauchshunderegister akzeptieren Mischlinge (d. h. Hunde unbekannter Abstammung) als Mitglieder der Rasse, wenn sie ordnungsgemäß arbeiten und sich aufgrund ihrer Verdienste registrieren lassen.

Gemischte Rasse

Für gemischte Rassen (unbekannte Vererbung), Kreuzungen (aus zwei verschiedenen reinrassigen Rassen) oder nicht registrierte reinrassige Hunde gibt es viele kleine, kostenpflichtige Internet-Registrierungsstellen, die jeden Hund als reinrassig zertifizieren, den man sich ausdenken möchte.

Es werden jedoch ständig neue Hunderassen rechtmäßig geschaffen, und es gibt viele Websites für neue Rassenverbände und Rasseklubs, die rechtmäßige Registrierungen für neue oder seltene Rassen anbieten. Wenn die Hunde einer neuen Rasse "in den meisten Merkmalen sichtbar ähnlich" sind und eine zuverlässige, dokumentierte Abstammung von einem "bekannten und benannten Grundstock" haben, können sie als Mitglieder einer Rasse betrachtet werden, und wenn ein einzelner Hund dokumentiert und registriert ist, kann er als reinrassig bezeichnet werden. Ob ein Hund ein reinrassiges Mitglied einer Rasse ist oder nicht, lässt sich nur durch den Nachweis der Abstammung von den Stammtieren einer Rasse feststellen.

Übersicht über die Hundezucht

Showdog

Der Begriff "Showhund" wird im Allgemeinen auf zwei verschiedene Arten verwendet. Für Menschen, die sich für Hunde interessieren, ist ein Showdog ein außergewöhnlicher, reinrassiger Hund, der dem Rassetyp entspricht und einen aufgeschlossenen, energiegeladenen Charakter hat. Für Menschen, die kein Interesse an Hundeausstellungen haben, wird der Begriff "Showhund" oft scherzhaft verwendet, um einen Hund zu bezeichnen, dessen einzige Eigenschaften in seinem Aussehen liegen. Raymond Coppinger meint dazu: "Dieser jüngste Zuchttrend für reinrassige Hunde ist völlig außer Kontrolle geraten".

Hundeausstellungen (und die damit verbundene Sportart Junior Handling für Kinder und Jugendliche) sind nach wie vor sehr beliebt; allein die Crufts-Hundeausstellung 2006 hatte 143.000 Zuschauer, und es waren 24.640 reinrassige Hunde gemeldet, die 178 verschiedene Rassen aus 35 verschiedenen Ländern repräsentierten. Die Ausstellung von Formationshunden steht nur registrierten reinrassigen Hunden offen.

Übersicht über die Hundezucht

Gesundheitsfragen

Genetische Erkrankungen sind ein besonderes Problem für Hunde aus Registern, deren Zuchtbücher geschlossen sind. Viele nationale Zuchtverbände verbieten die Registrierung von Hunden, die bestimmte genetische Krankheiten haben oder tragen. Zu den häufigsten Erkrankungen gehören die Hüftdysplasie, die bei Hunden großer Rassen auftritt, die von-Willebrand-Krankheit, eine Erkrankung der Blutplättchen, die bei Dobermannpinschern vererbt wird, das Entropium, eine Einrollung des Augenlids, die bei Shar Peis und vielen anderen Rassen auftritt, die progressive Netzhautatrophie, die bei vielen Rassen vererbt wird, Taubheit und Epilepsie, die bekanntermaßen bei Belgischen Schäferhunden, Deutschen Schäferhunden, Cocker Spaniels und Bernhardinern vererbt wird. Im Jahr 2008 strahlte die BBC einen Dokumentarfilm über die Gesundheitsprobleme von Rassehunden aus.

Übersicht über die Hundezucht

Zukunft der Rassehunde

Die meisten heute existierenden Rassen des Kennel Clubs wurden Ende des 19. Jahrhunderts aus bestehenden Landrassen ausgewählt. Das heutige Erscheinungsbild dieser Hunde wurde jedoch so angepasst, dass sie in die vom Zuchtverband gewählte Beschreibung passen. Dies erforderte selektive Zucht und rigorose Ausmerzung. Dies führte zu einem genetischen Engpass, der nach Ansicht einiger Leute die Zucht aus geschlossenen Zuchtbüchern unrentabel macht. Zu den Verbesserungsvorschlägen gehören Outcrossing (Öffnung der Zuchtbücher) und die Messung und Regulierung der Inzucht. Es gibt einige Züchter, die darauf achten, dass die von ihnen gezüchteten Hunde nicht mit zu vielen anderen Hunden verpaart werden, damit der genetische Pool nicht dadurch schrumpft, dass alle auf einen beliebten Vererber züchten. Es gibt aber auch viele, die lediglich zwei "papierne" Hunde züchten, in der Annahme, dass das alles ist, was sie tun müssen.

Die Wissenschaft wird jedoch immer besser und ermöglicht es den Züchtern, auf genetische Krankheiten zu testen. Konnten Züchter früher nur kranke Tiere erkennen, so können jetzt DNA-Tests durchgeführt werden, und nur Tiere ohne betroffene Gene können gezüchtet werden, um stärkere Rassen zu erzeugen.

Kapitel 2
Fortpflanzung und Würfe bei Hunden

Willkommen zu diesem umfassenden Leitfaden über die Fortpflanzung von Hunden und das Werfen von Würfen. Dieser Leitfaden führt Sie durch die wichtigsten Prozesse und Überlegungen für eine erfolgreiche Zucht und Geburt.

1. Verständnis der Reproduktionsanatomie des Hundes

   Männliche Hunde:
   Die wichtigsten Fortpflanzungsorgane sind die Hoden, die Spermien und Testosteron produzieren.
   Der Penis enthält den Bulbus glandis, der bei der Paarung anschwillt und eine "Verbindung" für eine effektive Fortpflanzung gewährleistet.

   Weibliche Hunde:
   Zu den wichtigsten Organen gehören die Eierstöcke, die Gebärmutter und die Vagina.
   Weibliche Tiere durchlaufen einen Brunstzyklus (Brunst), der vier Phasen umfasst: Proöstrus, Östrus, Diöstrus und Anöstrus.

2. Der Östrogene Zyklus

   Proöstrus (im Durchschnitt 9 Tage):
   Schwellung der Vulva und blutiger Ausfluss.
   Die Weibchen locken die Männchen an, sind aber nicht empfänglich.

   Estrus (5-13 Tage):
   Der Eisprung findet statt, und die Frau ist fruchtbar und empfänglich.
   Der Ausfluss wird schwächer und die Vulva bleibt geschwollen.

   Diöstrus (2 Monate, wenn nicht trächtig):
   Der Hormonspiegel stabilisiert sich, und die Frau ist nicht mehr empfänglich.

Anöstrus (4-5 Monate):
Ruhezeit vor dem nächsten Zyklus.

3. Paarung

Natürliche Paarung: Rüden und Hündinnen dürfen sich auf natürliche Weise paaren. Die "Bindung" entsteht, wenn der Bulbus glandis anschwillt und die Hunde vorübergehend zusammenhält.

Künstliche Befruchtung: Wird eingesetzt, wenn eine natürliche Paarung nicht möglich ist. Ein Tierarzt entnimmt Spermien und bringt sie in den Fortpflanzungstrakt der Hündin ein.

4. Schwangerschaft

Die Trächtigkeit dauert 58-68 Tage (Durchschnitt: 63 Tage).

Anzeichen einer Schwangerschaft:
Vergrößertes Abdomen.
Erhöhter Appetit.
Verhaltensänderungen (anhänglicher oder zurückgezogener).
Die Brustwarzen vergrößern sich und können dunkel werden.

Bestätigung des Tierarztes:

Ultraschall (ab 21-25 Tagen).
Röntgenbild (ab dem 45. Tag, um die Anzahl der Welpen zu ermitteln).

5. Vorbereitungen für die Wurfabnahme

Erstellen Sie eine Wurfkiste:
Groß genug, damit sich der Damm bequem strecken kann.
Niedrige Wände für leichten Zugang, aber hoch genug, um Welpen zu halten.
Weiches, sauberes Bettzeug.

Sammeln Sie die benötigten Materialien:
Saubere Handtücher.
Heizkissen (auf niedrig eingestellt) oder Wärmelampe.
Kübelspritze (um die Atemwege der Welpen freizumachen).
Einweghandschuhe.
Sterile Scheren und Nabelklemmen.

Überwachen Sie den Damm:
Messen Sie in der letzten Woche zweimal täglich die Rektaltemperatur. Ein Absinken auf 98-99°F zeigt an, dass die Wehen innerhalb von 24 Stunden einsetzen werden.

6. Der Wurfvorgang

Phase 1: Vorbereitung (6-12 Stunden):

Unruhe, Hecheln, Nestbau und Appetitlosigkeit.
Der Gebärmutterhals weitet sich, und die Wehen setzen ein.

Stufe 2: Lieferung (6-12 Stunden oder mehr):

Die Welpen werden im Abstand von etwa 30-60 Minuten geboren.
Jeder Welpe ist in einer Fruchtblase eingeschlossen, die durch den Damm gebrochen werden soll.

Helfen Sie bei Bedarf:

Brechen Sie den Beutel vorsichtig auf und machen Sie Nase und Mund des Welpen frei.
Stimulieren Sie die Atmung durch Abreiben mit einem sauberen Handtuch.

Stufe 3: Nachgeburt:

Die Plazenta wird bei jedem Welpen ausgestoßen.
Achten Sie darauf, dass das Muttertier nicht zu viele Plazenta frisst, da dies zu Magenverstimmungen führen kann.

7. Betreuung nach der Hilfeleistung

Für den Damm:
Achten Sie auf Anzeichen einer Infektion (übel riechender Ausfluss, Fieber, Lethargie).
Stellen Sie nahrhaftes Futter und frisches Wasser bereit.
Für Welpen:
Prüfen Sie, ob er warm ist (Welpen können ihre Temperatur anfangs nicht regulieren).
Stellen Sie sicher, dass jeder Welpe innerhalb der ersten 2 Stunden gesäugt wird, um Kolostrum aufzunehmen.
Beobachten Sie die Gewichtszunahme (es wird empfohlen, täglich zu wiegen).

8. Fehlersuche

Dystokie (schwierige Geburt):
Suchen Sie tierärztliche Hilfe auf, wenn:
Die Wehen dauern ohne Welpe länger als 2 Stunden.
Ein Welpe steckt im Geburtskanal fest.
Grüner Ausfluss erscheint ohne Welpen.

Welpen-Probleme:
Schwache oder unaufmerksame Welpen brauchen sanfte Stimulation und Wärme.

9. Langzeitpflege

Sozialisieren Sie die Welpen früh und planen Sie den ersten Tierarztbesuch mit 6-8 Wochen für Impfungen und Gesundheitschecks.
Entwöhnen Sie die Welpen schrittweise zwischen 3 und 4 Wochen.

Wenn Sie diese Schritte befolgen, können Sie sowohl für das Muttertier als auch für die Welpen eine sichere und gesunde Erfahrung gewährleisten.

Die Versorgung von Neugeborenen und die Gesundheit von Welpen sind wichtige Aspekte der Hundezucht. Hier sind einige Überlegungen:

Neugeborenenpflege:

Temperaturkontrolle: Halten Sie den Wurfbereich für neugeborene Welpen warm (etwa 85-90°F), da sie ihre Körpertemperatur anfangs noch nicht regulieren können.

Fütterung: Welpen sollten innerhalb weniger Stunden nach der Geburt gesäugt werden, um Kolostrum zu erhalten, das wichtige Antikörper liefert.

Hygiene: Halten Sie den Wurfbereich sauber und trocken, um Infektionen zu vermeiden.

Überwachung: Überwachen Sie die Welpen auf Anzeichen von Stress, Krankheit oder Gedeihstörung.

Überlegungen zur Gesundheit von Welpen:

Impfungen: Halten Sie sich an den von Ihrem Tierarzt empfohlenen Impfplan, um Ihre Welpen vor häufigen Krankheiten zu schützen.

Entwurmung: Entwurmen Sie Welpen regelmäßig, um Darmparasiten zu bekämpfen.

Ernährung: Bieten Sie den Tieren eine ausgewogene, ihrem Alter und ihrer Rasse entsprechende Ernährung, um ihr Wachstum und ihre Entwicklung zu fördern.

Sozialisierung: Setzen Sie die Welpen verschiedenen Umgebungen, Menschen und Erfahrungen aus, um die Sozialisierung zu fördern und Verhaltensprobleme zu verringern.

Gesundheitschecks: Vereinbaren Sie regelmäßige Gesundheitschecks mit einem Tierarzt, um gesundheitliche Probleme frühzeitig zu erkennen und zu behandeln.

Die Gewährleistung einer angemessenen Neugeborenenpflege und die Berücksichtigung gesundheitlicher Aspekte bei Welpen tragen zur Aufzucht gesunder und glücklicher Hunde bei, was für ein erfolgreiches Hundezuchtgeschäft unerlässlich ist.

Vorbereitung von Zuchtzyklen und Paarungsvorgängen

Den Brutzyklus verstehen:

Lernen Sie den Fortpflanzungszyklus und die Eigenschaften der jeweiligen Rasse kennen.

Machen Sie sich mit den vier Phasen des Brunstzyklus einer Hündin vertraut: Proöstrus, Östrus, Diöstrus und Anöstrus.

Achten Sie bei Ihren Hündinnen auf Anzeichen der Bereitschaft, wie Verhaltensänderungen und körperliche Anzeichen wie Anschwellen der Vulva und Ausfluss.

Gesundheitschecks und Gentests:

Planen Sie vor dem Deckakt tierärztliche Untersuchungen ein, um sicherzustellen, dass beide Hunde bei optimaler Gesundheit sind.

Durchführung von Gentests zur Ermittlung möglicher Erbkrankheiten, die an die Nachkommen weitergegeben werden könnten.

Aktualisieren Sie den Impfschutz und stellen Sie sicher, dass beide Hunde frei von Parasiten oder übertragbaren Krankheiten sind.

Erstellung eines Zuchtplans:

Planen Sie den idealen Zeitpunkt für die Paarung auf der Grundlage des Brunstzyklus des Weibchens, in der Regel um den Tag 9-14 der Brunst.

Führen Sie Aufzeichnungen über die Abstammung, den Gesundheitszustand und frühere Würfe der Hunde, um Inzucht zu vermeiden.

Legen Sie Zuchtziele fest, z. B. die Verbesserung bestimmter Merkmale oder die Einhaltung von Rassestandards.

Die Umwelt vorbereiten:

    Richten Sie einen ruhigen, stressfreien Ort für den Paarungsprozess ein.
    Stellen Sie sicher, dass der Raum sauber und frei von Ablenkungen oder potenziellen Gefahren ist.
    Bieten Sie dem Weibchen einen bequemen Platz, an dem es sich nach der Paarung ausruhen kann.

Paarungsverfahren:

    Führen Sie die Hunde in einem kontrollierten, neutralen Raum zusammen, um territoriales Verhalten zu minimieren.
    Beobachten Sie den Steckvorgang, um die Sicherheit und das korrekte Einrasten zu gewährleisten, insbesondere während der Bindungsphase, die 5-30 Minuten dauern kann.
    Vermeiden Sie es, die Hunde während der Paarung zu stören, um Stress und Verletzungen zu vermeiden.

Pflege nach der Paarung:

    Überwachen Sie das Weibchen auf Anzeichen einer Schwangerschaft, z. B. Veränderungen des Appetits, des Verhaltens oder der körperlichen Verfassung.

    Vereinbaren Sie einen Folgetermin beim Tierarzt, um die Trächtigkeit per Ultraschall oder durch Abtasten zu bestätigen.

    Passen Sie die Ernährung und das Sportprogramm der Frau an, um eine gesunde Schwangerschaft zu unterstützen.

Detaillierte Ratschläge, Checklisten und Tipps von erfahrenen Züchtern können den Wert des Kapitels für Leser, die ihr eigenes Hundezuchtunternehmen gründen, erhöhen.

Kapitel 3
Leitfaden für Zucht von Diensthunden

Die Zucht von Diensthunden ist ein zielgerichtetes und spezialisiertes Unterfangen, das ein tiefes Verständnis von Genetik, Temperament und Ausbildung erfordert. Hier finden Sie einen strukturierten Leitfaden, um sicherzustellen, dass Sie verantwortungsvoll und ethisch korrekt vorgehen:

1. Die Rolle der Diensthunde verstehen

Diensthunde unterstützen Menschen mit Behinderungen, indem sie bestimmte Aufgaben erfüllen. Zu den gängigen Typen gehören:

    Blindenhunde für sehbehinderte Menschen.
    Hörhunde für Menschen mit Hörverlust.
    Mobilitätshilfshunde für körperliche Behinderungen.
    Psychiatrische Diensthunde zur Unterstützung der psychischen Gesundheit.

Jede Rolle erfordert einzigartige Eigenschaften, und Ihr Zuchtprogramm muss auf die entsprechenden physischen und verhaltensbezogenen Merkmale ausgerichtet sein.

2. Geeignete Rassen auswählen

Bestimmte Rassen werden aufgrund ihrer Intelligenz, ihres Temperaments und ihrer Trainierbarkeit häufig eingesetzt:

    Labrador Retriever: Freundlich, anpassungsfähig und willig zu gefallen.
    Golden Retriever: Intelligent und sanft.
    Deutsche Schäferhunde: Loyal und diszipliniert.
    Pudel: Hypoallergen mit hoher Intelligenz.

Die Rasse, die Sie auswählen, sollte mit den spezifischen Aufgaben des Diensthundes übereinstimmen, die Sie unterstützen wollen.

3. Bewertung der Zuchttiere

Ihre Zuchthunde müssen die folgenden Eigenschaften aufweisen:

  Gute Gesundheit: Führen Sie Gesundheitsuntersuchungen auf häufige genetische Erkrankungen durch (z. B. Hüftdysplasie, Augenprobleme oder Herzerkrankungen).
  Stabiles Temperament: Vermeiden Sie Hunde, die ängstlich, aggressiv oder extrem schüchtern sind.
  Bewährter Stammbaum: Wählen Sie Hunde aus Linien mit einer Geschichte von erfolgreichen Diensttieren.

Stellen Sie sicher, dass alle Hunde den Rassestandards entsprechen und Verhaltenstests bestehen.

4. Temperamentstest

Beginnen Sie frühzeitig mit der Beurteilung des Temperaments:

  Puppy Aptitude Test (PAT) im Alter von 7-8 Wochen: Misst Neugier, soziale Anziehungskraft, Geräuschempfindlichkeit und Schreckreaktion.
  Verhaltensbeobachtungen: Achten Sie auf Widerstandsfähigkeit, Konzentration und Lernbereitschaft.

5. Ausbildungspotenzial

Ihr Ziel ist es, Hunde mit zu produzieren:

  Intelligenz: Schnelle Lerner, die sich an komplexe Aufgaben anpassen können.
  Ruhiges Auftreten: Komfort in stressigen Umgebungen.
  Sozialisierungsfähigkeiten: Die Fähigkeit, gut mit Menschen und anderen Tieren zu interagieren.

Eine frühe Sozialisierung mit verschiedenen Umgebungen, Geräuschen und Menschen ist wichtig.

6. Ethische Praktiken befolgen

Begrenzen Sie die Zuchthäufigkeit: Schützen Sie die Gesundheit Ihrer Zuchttiere.
Halten Sie sich an die Vorschriften: Überprüfen Sie die örtlichen, staatlichen und bundesstaatlichen Gesetze zur Tierzucht.
Transparenz: Stellen Sie den Käufern oder Organisationen vollständige Gesundheits- und Abstammungsnachweise zur Verfügung.

7. Partnerschaften mit Ausbildern und Organisationen

Zusammenarbeit ist der Schlüssel. Arbeiten Sie mit erfahrenen Trainern, Tierärzten und Diensthundeorganisationen zusammen, um:

Stellen Sie sicher, dass die Welpen einem geeigneten Trainingsprogramm zugeordnet werden.
Holen Sie sich Feedback, um Ihre Zuchtmethoden zu verbessern.

8. Plan für ungeeignete Hunde

Nicht alle Welpen erfüllen die Kriterien für Diensthunde. Haben Sie einen Plan für:

Adoption in ein liebevolles Zuhause für Haustiere.
Alternative Rollen: Therapie- oder emotionale Unterstützungstiere.

9. In Weiterbildung investieren

Bleiben Sie auf dem Laufenden:

Fortschritte in der Genetik und Zuchtpraxis.
Die Anforderungen an die Aufgaben von Diensthunden entwickeln sich weiter.
Gesundheits- und Verhaltensforschung.

Wenn Sie diese Schritte befolgen, können Sie einen sinnvollen Beitrag zur Schaffung von Diensthunden leisten, die Leben verändern.

Kapitel 4
Hundezucht Lieferungen & Ausstattung

Zubehör und Ausrüstung für die Hundezucht

Pet Edge

PetEdge ist ein führender Anbieter von Großhandelspflegebedarf und Discount-Tierprodukten.

Pet Edge bietet Ihnen über seine Kataloge und seine Website Zugang zu über 12.000 Produkten nationaler Marken und exklusiver PetEdge-Marken.

http://goo.gl/R9DDto

ValleyVet

Egal, ob Sie nach verschreibungspflichtigen Medikamenten, Impfstoffen, Parasitenkontrolle, Zaunmaterial, Zaumzeug, einem neuen Paar Stiefel oder irgendetwas dazwischen suchen, suchen Sie nicht weiter als ValleyVet, das über 23.000 Produkte anbietet!

https://urlzs.com/hh2ro

Zubehör und Ausrüstung für die Hundezucht

Exodus Züchter

Exodus Breeders bietet Reproduktionsmaterial wie

- Inseminationskits
- Zubehör für die Blutentnahme
- Express-Samentransport für Hunde
- Zwingerverwaltung und Zubehör
- Ovulationskits und Ovulationsdetektor
- Alle sterilen Spritzen und Nadeln aus Kunststoff
- Wiederbelebungsset für Welpen
- Zubehör für die Spermagewinnung
- Zubehör für das Einfrieren von Sperma

und vieles, vieles mehr!

https://www.exodusbreeders.com/

Zubehör und Ausrüstung für die Hundezucht

Tierärztliche Versorgung von A bis Z

A bis Z Vet Supply hat über 50.000 Produkte. Sparen Sie bei allem, was Sie für die Hundezucht benötigen, wenn Sie Hundezuchtbedarf direkt bei A to Z Vet Supply kaufen. Sie machen es erschwinglich und bequem auf Qualität Pflegeprodukte, Medikamente, Einstreu und andere Zwinger liefert aufzustocken.

A bis Z Vet Supply ist auch Ihre zentrale Anlaufstelle für Wurfmaterial, von Zuchtzusätzen über Schwangerschaftstests bis hin zu Impfstoffen für die Welpen.

Sie bieten auch:

- Produkte zur Bekämpfung von Flöhen und Zecken
- D-Würmer
- Halsbänder und Pachtverträge
- Nahrungsergänzungsmittel/Nahrungsprodukte
- Hilfsmittel für die Ausbildung
- Spielzeug und Leckereien
- ID-Systeme

https://urlzs.com/kYMf1

Zubehör und Ausrüstung für die Hundezucht

Vollständige Liste der anerkannten Hunderassen

American Kennel Club

Der American Kennel Club hat es sich zur Aufgabe gemacht, die Integrität seines Registers aufrechtzuerhalten, den Sport mit reinrassigen Hunden zu fördern und nach Typ und Funktion zu züchten. Der 1884 gegründete AKC® und die ihm angeschlossenen Organisationen setzen sich für den Rassehund als Familienbegleiter ein, fördern die Gesundheit und das Wohlbefinden von Hunden, setzen sich für den Schutz der Rechte aller Hundebesitzer ein und fördern die verantwortungsvolle Haltung von Hunden.

Sie können nicht nur eine Liste aller anerkannten Hunderassen erhalten, sondern auch von dieser Website:

- Produkte und Dienstleistungen für die Hundeerziehung
- Welpen finden
- Neue Produkte einkaufen
- Beteiligen Sie sich an Sportveranstaltungen
- Registriere deinen Hund

http://www.akc.org/dog-breeds/

Zubehör und Ausrüstung für die Hundezucht

Zubehör für die Hundeausbildung

http://www.dog-training.com/

http://www.roverpet.com/

http://www.dogsupplies.com/

http://www.petwholesaler.com/index.php

http://www.happytailsspa.com/

http://www.futurepet.com/

http://www.petmanufacturers.com/

http://www.k9bytesgifts.com/

http://www.kingwholesale.com/

http://www.upco.com/

Zubehör und Ausrüstung für die Hundezucht

ZERTIFIZIERUNGSPROGRAMME

Zertifizierungsrat für

Professionelle Hundetrainer

Der Certification Council for Professional Dog Trainers® (CCPDT®) ist die führende unabhängige Prüfungs- und Zertifizierungsstelle für Hundetrainer und Verhaltensberater. Es setzt den weltweiten Standard für die Entwicklung strenger Prüfungen zum Nachweis der Beherrschung von humanen, wissenschaftlich fundierten Hundetrainingsmethoden. Es handelt sich um eine private, nicht gewinnorientierte Organisation.

http://www.ccpdt.org/

Die Vereinigung der

Professionelle Hundetrainer

Ganz gleich, ob Sie gerade erst eine Karriere als Hundetrainer beginnen, ein erfahrener Branchenveteran sind oder einfach nur überlegen, wie Sie Ihre Familie am besten um einen Hund erweitern können - bei der APDT finden Sie die Beratung, Unterstützung und Ausbildung, die Sie brauchen.

https://apdt.com/join/certification/

Kapitel 5
Schritt für Schritt in die Wirtschaft einsteigen

Einstieg in die Wirtschaft

Allein in den Vereinigten Staaten gibt es über dreißig Millionen Heimarbeitsplätze.

Viele Menschen träumen von der Unabhängigkeit und den finanziellen Vorteilen eines eigenen Unternehmens. Leider lassen sie sich von der Analyse-Lähmung davon abhalten, aktiv zu werden. Dieses Kapitel soll Ihnen einen Fahrplan für die ersten Schritte geben. Der schwierigste Schritt auf jeder Reise ist der erste Schritt.

Anthony Robbins hat ein Programm namens Personal Power entwickelt. Ich habe das Programm vor langer Zeit studiert, und heute würde ich es so zusammenfassen, dass man einen Weg finden muss, sich selbst zu motivieren, ohne Angst vor dem Scheitern massive Maßnahmen zu ergreifen.

2 Timotheus 1:7 King James Version

"Denn Gott hat uns nicht gegeben den Geist der Furcht, sondern der Kraft und der Liebe und des gesunden Verstandes."

Einstieg in die Wirtschaft

SCHRITT 1: EIN BÜRO IN IHREM HAUS EINRICHTEN

Wenn es Ihnen ernst damit ist, Geld zu verdienen, dann renovieren Sie die Höhle des Mannes oder die Höhle der Frau und schaffen Sie einen Ort, an dem Sie ungestört Ihren Geschäften nachgehen können.

SCHRITT #2 ZEIT FÜR IHR UNTERNEHMEN EINPLANEN

Wenn Sie bereits berufstätig sind oder Kinder haben, können diese einen großen Teil Ihrer Zeit in Anspruch nehmen. Ganz zu schweigen von gut gemeinten Freunden, die das Telefon zum Zeiträuber machen. Planen Sie Zeit für Ihr Unternehmen ein und halten Sie sich daran.

SCHRITT #3: ENTSCHEIDEN SIE SICH FÜR DIE ART DES UNTERNEHMENS

Sie müssen nicht starr sein, aber Sie sollten das Ziel vor Augen haben. Mit zunehmender Erfahrung können Sie flexibler werden.

Einstieg in die Wirtschaft

SCHRITT #4 RECHTSFORM FÜR IHR UNTERNEHMEN

Die drei grundlegenden Rechtsformen sind die Einzelfirma, die Personengesellschaft und die Kapitalgesellschaft. Jede von ihnen hat ihre eigenen Vorteile. Besuchen Sie www.Sba.gov und informieren Sie sich über die einzelnen Formen, um eine Entscheidung zu treffen.

SCHRITT NR. 5: WÄHLEN SIE EINEN FIRMENNAMEN UND LASSEN SIE IHN REGISTRIEREN.

Eine der sichersten Möglichkeiten, einen Firmennamen zu wählen, ist die Verwendung Ihres eigenen Namens. Wenn Sie Ihren eigenen Namen verwenden, müssen Sie sich keine Sorgen über Urheberrechtsverletzungen machen.

Wenden Sie sich jedoch immer an einen Rechtsanwalt oder die zuständige Behörde, wenn es um rechtliche Fragen geht.

Einstieg in die Wirtschaft

SCHRITT NR. 6: SCHREIBEN EINES GESCHÄFTSPLANS

Das scheint eine Selbstverständlichkeit zu sein. Egal, was Sie zu erreichen versuchen, Sie sollten einen Plan haben. Sie sollten einen Geschäftsplan haben. In der NFL werden pro Saison etwa sieben Headcoaches entlassen. Die Philadelphia Eagles in der NFL haben also in einem sehr wettbewerbsintensiven Geschäft einen Mann ohne Erfahrung als Headcoach eingestellt. Sein Name war Andy Reid. Andy Reid sollte später der erfolgreichste Trainer in der Geschichte des Teams werden. Einer der Gründe, warum der Eigentümer ihn einstellte, war, dass er einen Geschäftsplan in der Größe eines Telefonbuchs hatte. Ihr Geschäftsplan muss nicht annähernd so umfangreich sein, aber wenn Sie so viel wie möglich einplanen, werden Sie weniger verunsichert sein, wenn die Dinge nicht so laufen wie geplant.

SCHRITT NR. 7: ORDNUNGSGEMÄSSE LIZENZEN UND GENEHMIGUNGEN

Gehen Sie zum Rathaus und finden Sie heraus, was Sie tun müssen, um ein Heimunternehmen zu gründen.

Einstieg in die Wirtschaft

SCHRITT #8 EINRICHTUNG EINER WEBSITE, AUSWAHL VON VISITENKARTEN, BRIEFPAPIER, BROSCHÜREN

Dies ist eine der kostengünstigsten Möglichkeiten, nicht nur Ihr Unternehmen zu gründen, sondern auch Ihr Unternehmen zu fördern und zu vernetzen.

SCHRITT #9 ERÖFFNUNG EINES GESCHÄFTSGIROKONTOS

Ein separates Geschäftskonto macht es viel einfacher, den Überblick über Gewinne und Ausgaben zu behalten. Dies wird sich als nützlich erweisen, unabhängig davon, ob Sie sich entscheiden, Ihre Steuern selbst zu machen oder einen Fachmann zu beauftragen.

SCHRITT #10: WERDEN SIE NOCH HEUTE AKTIV!

Dies soll kein umfassender Plan für die Gründung eines Unternehmens sein. Er soll Ihnen die richtige Richtung weisen, um loszulegen. Bei der Small Business Administration finden Sie viele kostenlose Ressourcen für die Gründung Ihres Unternehmens. Sie haben sogar ein Programm (SCORE), das Ihnen Zugang zu vielen pensionierten Fachleuten verschafft, die Sie kostenlos beraten! Ihre Website: **www.score.org**

Kapitel 6
Bester Weg
Schreiben einer
Geschäftsplan

Wie man einen Geschäftsplan schreibt

Millionen von Menschen wollen wissen, was das Geheimnis des Geldverdienens ist. Die meisten sind zu dem Schluss gekommen, dass es darin besteht, ein Unternehmen zu gründen. Wie gründet man also ein Unternehmen? Um ein Unternehmen zu gründen, muss man als erstes einen Geschäftsplan erstellen.

Ein Geschäftsplan ist eine förmliche Darstellung einer Reihe von Unternehmenszielen, der Gründe, warum sie für erreichbar gehalten werden, und des Plans zur Erreichung dieser Ziele. Er kann auch Hintergrundinformationen über die Organisation oder das Team enthalten, das versucht, diese Ziele zu erreichen.

Ein professioneller Geschäftsplan besteht aus acht Teilen.

1. Zusammenfassung

Die Zusammenfassung ist ein sehr wichtiger Teil Ihres Geschäftsplans. Viele halten ihn für den wichtigsten, weil dieser Teil Ihres Plans eine Zusammenfassung des aktuellen Stands Ihres Unternehmens enthält, wohin Sie es bringen wollen und warum der von Ihnen erstellte Geschäftsplan ein Erfolg sein wird. Wenn Sie Mittel für die Gründung Ihres Unternehmens beantragen, ist die Zusammenfassung eine Chance, die Aufmerksamkeit eines möglichen Investors zu gewinnen.

Wie man einen Geschäftsplan schreibt

2. Beschreibung des Unternehmens

Die Unternehmensbeschreibung in Ihrem Geschäftsplan gibt einen Überblick über die verschiedenen Aspekte Ihres Unternehmens. Dies ist wie eine kurze Zusammenfassung Ihres "Elevator Pitch", die den Lesern und möglichen Investoren helfen kann, das Ziel Ihres Unternehmens schnell zu erfassen und zu verstehen, was es auszeichnet oder welchen einzigartigen Bedarf es erfüllt.

3. Marktanalyse

In der Marktanalyse Ihres Geschäftsplans sollten Sie sich ausführlich mit dem Markt und dem finanziellen Potenzial Ihrer Branche befassen. Sie sollten detaillierte Untersuchungen mit logischen Strategien für die Marktdurchdringung vorlegen. Werden Sie niedrige Preise oder hohe Qualität einsetzen, um den Markt zu durchdringen?

4. Organisation und Verwaltung

Der Abschnitt Organisation und Management folgt auf die Marktanalyse. Dieser Teil des Geschäftsplans enthält die Organisationsstruktur Ihres Unternehmens, die Art der Unternehmensstruktur der Gründung, die Eigentumsverhältnisse, das Managementteam und die Qualifikationen aller Personen, die diese Positionen innehaben, einschließlich des Verwaltungsrats, falls erforderlich.

Wie man einen Geschäftsplan schreibt

5. Dienstleistung oder Produktlinie

Der Teil "Dienstleistung oder Produktlinie" Ihres Geschäftsplans gibt Ihnen die Möglichkeit, Ihre Dienstleistung oder Ihr Produkt zu beschreiben. Konzentrieren Sie sich mehr auf die Vorteile für die Kunden als auf die Funktion des Produkts oder der Dienstleistung. Ein Beispiel: Eine Klimaanlage erzeugt kalte Luft. Der Vorteil des Produkts besteht darin, dass es kühlt und die Kunden sich wohler fühlen, egal ob sie im Stau stehen oder krank in einem Pflegeheim sitzen. Klimaanlagen erfüllen einen Bedarf, der den Unterschied zwischen Leben und Tod bedeuten kann. Nennen Sie in diesem Abschnitt die wichtigsten Vorteile Ihres Produkts oder Ihrer Dienstleistung und welches Bedürfnis sie befriedigen.

6. Marketing und Vertrieb

Ein bewährter Marketingplan ist ein wesentliches Element für den Erfolg eines jeden Unternehmens. Heute dominiert der Online-Verkauf den Markt. Legen Sie einen starken Internet-Marketingplan sowie einen Plan für soziale Medien vor. YouTube-Videos, Facebook-Werbung und Pressemitteilungen können Teil Ihres Internet-Marketingplans sein. Das Verteilen von Flyern und Visitenkarten ist immer noch ein effektiver Weg, um potenzielle Kunden zu erreichen.

Nutzen Sie diesen Teil Ihres Geschäftsplans, um Ihre Umsatzprognose darzulegen und zu erläutern, wie Sie zu dieser Zahl gekommen sind. Recherchieren Sie bei ähnlichen Unternehmen, um mögliche Statistiken zu den Verkaufszahlen zu erhalten.

Wie man einen Geschäftsplan schreibt

7. Antrag auf Finanzierung

Wenn Sie den Abschnitt "Finanzierungsantrag" Ihres Geschäftsplans schreiben, sollten Sie detailliert sein und die Kosten für Material, Gebäude, Transport, Gemeinkosten und Werbung für Ihr Unternehmen dokumentieren.

8. Finanzielle Projektionen

Im Folgenden finden Sie eine Liste der wichtigsten Finanzausweise, die Sie in Ihr Businessplan-Paket aufnehmen sollten.

Historische Finanzdaten

Ihre historischen Finanzdaten wären Kontoauszüge, Bilanzen und mögliche Sicherheiten für Ihr Darlehen.

Voraussichtliche Finanzdaten

Der Abschnitt mit den voraussichtlichen Finanzdaten Ihres Geschäftsplans sollte Ihr potenzielles Wachstum in Ihrer Branche aufzeigen, und zwar mindestens für die nächsten fünf Jahre.

Für das erste Jahr können Sie monatliche oder vierteljährliche Projektionen erstellen. Dann projizieren Sie von Jahr zu Jahr.

Fügen Sie eine Kennzahlen- und Trendanalyse für alle Ihre Abschlüsse bei. Verwenden Sie farbige Grafiken, um positive Trends im Rahmen der Finanzprognosen Ihres Geschäftsplans zu erläutern.

Wie man einen Geschäftsplan schreibt

Anhang

Der Anhang sollte nicht Teil des Hauptteils Ihres Geschäftsplans sein. Er sollte nur bei Bedarf zur Verfügung gestellt werden. Ihr Geschäftsplan wird möglicherweise von vielen Personen eingesehen, und Sie möchten nicht, dass bestimmte Informationen für alle zugänglich sind. Da Kreditgeber solche Informationen möglicherweise benötigen, sollten Sie für den Fall der Fälle einen Anhang bereithalten.

Der Anhang würde Folgendes enthalten:

Kreditgeschichte (privat und geschäftlich)

    Lebensläufe der wichtigsten Manager

    Produktbilder

    Referenzbriefe

    Einzelheiten der Marktstudien

    Einschlägige Zeitschriftenartikel oder Buchhinweise

    Lizenzen, Genehmigungen oder Patente

    Juristische Dokumente

    Kopien von Mietverträgen

Wie man einen Geschäftsplan schreibt

Baugenehmigungen

Verträge

Liste der Unternehmensberater, einschließlich Rechtsanwalt und Buchhalter

Führen Sie Buch darüber, wem Sie erlauben, Ihren Geschäftsplan einzusehen.

Fügen Sie einen Haftungsausschluss für Privatplatzierungen ein. Ein Private Placement Disclaimer ist ein Private Placement Memorandum (PPM) ist ein Dokument, das sich hauptsächlich auf die möglichen Nachteile einer Investition konzentriert.

Kapitel 7
Business Versicherung

UNTERNEHMENSVERSICHERUNG

Wenden Sie sich für alle Ihre geschäftlichen Angelegenheiten an einen Rechtsanwalt.

Anfang der 1990er Jahre kaufte eine ältere Frau eine heiße Tasse Kaffee an einem Drive-Thru-Fenster von McDonald's in Albuquerque. Sie verschüttete den Kaffee und erlitt Verbrennungen dritten Grades. Sie verklagte McDonald's und gewann. Sie erhielt 2,7 Millionen Dollar als Strafschadenersatz zugesprochen. Gegen das Urteil wurde Berufung eingelegt, und der Vergleich wird auf etwa 500.000 Dollar geschätzt. Alles nur, weil sie sich den Kaffee in den Schoß schüttete, als sie versuchte, Zucker und Sahne hinzuzufügen.

Zwei Männer in Ohio waren Teppichverleger. Sie erlitten schwere Verbrennungen, als sich ein 3,5-Liter-Behälter mit Teppichkleber entzündete, als der Warmwasserbereiter, neben dem er stand, eingeschaltet wurde. Sie waren der Meinung, dass der Warnhinweis auf der Rückseite des Behälters nicht ausreichend war. Sie reichten daraufhin Klage gegen die Klebstoffhersteller ein und erhielten neun Millionen Dollar zugesprochen.

Eine Frau in Oklahoma kaufte ein nagelneues Wohnmobil (Winnebago). Während der Fahrt nach Hause stellte sie den Tempomat auf 70 Meilen pro Stunde ein. Dann verließ sie den Fahrersitz, um sich im hinteren Teil des Wohnmobils einen Kaffee oder ein Sandwich zu machen.

UNTERNEHMENSVERSICHERUNG

Das Fahrzeug verunglückte, und die Frau verklagte Winnebago, weil sie nicht darauf hingewiesen wurde, dass der Tempomat das Fahrzeug nicht steuert und lenkt. Sie gewann 1,7 Millionen Dollar und das Unternehmen musste seine Bedienungsanleitung neu schreiben.

Leider sind alle drei unerhörten Klagen real. Wenn Sie ein Unternehmen führen, egal welches, sollten Sie in Erwägung ziehen, sich mit einer Berufshaftpflichtversicherung, auch bekannt als "Errors and Omissions"-Versicherung (E & 0), zu schützen.

Diese Art von Versicherung kann Sie davor schützen, die vollen Kosten für die Verteidigung gegen eine Klage wegen Fahrlässigkeit tragen zu müssen.

Fehler und Unterlassungen können Sie vor Ansprüchen schützen, die in der Regel nicht durch eine normale Haftpflichtversicherung abgedeckt sind. Diese Versicherungen decken in der Regel Körperverletzungen oder Sachschäden ab. Die Versicherung für Irrtümer und Unterlassungen kann Sie gegen Fahrlässigkeit und andere psychische Schäden wie falsche Beratung oder falsche Angaben schützen. Strafverfolgung ist nicht abgedeckt.

Die Versicherung für Fehler und Versäumnisse empfiehlt sich für Notare, Immobilienmakler oder Investoren und Fachleute wie Softwareingenieure, Rechtsanwälte, Hausinspektoren, Website-Entwickler und Landschaftsarchitekten, um nur einige Berufe zu nennen.

UNTERNEHMENSVERSICHERUNG

Die häufigsten Fehler und Unterlassungsklagen:

%25 Verletzung der Treuepflicht

%15 Vertragsverstoß

%14 Fahrlässigkeit

%13 Versäumnis der Beaufsichtigung

%11 Untauglichkeit

%10 Sonstiges

UNTERNEHMENSVERSICHERUNG

Was Sie vor dem Abschluss einer Versicherung für den Bereich Fehler und Unterlassung wissen oder verlangen sollten, ist...

* Wie hoch ist die Haftungsgrenze?

* Wie hoch ist der Selbstbehalt?

* Beinhaltet sie die FDD First Dollar Defense, die die Versicherungsgesellschaft verpflichtet, einen Fall ohne Selbstbeteiligung zu bearbeiten.

* Habe ich eine Tail-End-Deckung oder eine Extended Reporting Coverage (Versicherung, die bis zur Pensionierung läuft)?

* Erweiterter Versicherungsschutz für Arbeitnehmer

* Cyber-Haftpflicht-Deckung

* Department of Labor Fiduciary Coverage

* Insolvenzabsicherung

Wenn Sie eine "Errors and Omission"-Versicherung abgeschlossen haben, erneuern Sie diese am Tag ihres Ablaufs. Achten Sie darauf, dass Sie keine Lücken in Ihrem Versicherungsschutz haben, sonst könnte Ihre Police nicht verlängert werden.

UNTERNEHMENSVERSICHERUNG

Einige Anbieter von E & O Versicherungen:

Insureon

Insureon gibt an, dass die durchschnittliche Versicherungspolice für Fehler und Unterlassungen etwa 750 $ pro Jahr oder 65 $ pro Monat kostet. Der Preis hängt natürlich von Ihrem Unternehmen, der von Ihnen gewählten Police und anderen Risikofaktoren ab.

https://www.insureon.com/home

EOforless

EOforless.com hilft Fachleuten aus der Versicherungs-, Investment- und Immobilienbranche, in fünf Minuten oder weniger eine E & O-Versicherung zu erschwinglichen Kosten abzuschließen.

https://www.eoforless.com/

UNTERNEHMENSVERSICHERUNG

CalSurance Associates

Als führender Versicherungsmakler verfügt CalSurance Associates, eine Abteilung von Brown & Brown Program Insurance Services, Inc., über mehr als fünfzig Jahre Erfahrung in der Bereitstellung umfassender Versicherungsprodukte, außergewöhnlichem Service und bewährter Ergebnisse für über 150.000 Versicherte. CalSurance Associates ist landesweit und branchenübergreifend für Fachleute tätig, darunter einige der größten Finanz- und Versicherungsunternehmen in den Vereinigten Staaten.

http://www.calsurance.com/csweb/index.aspx

Vorsicht ist besser als Nachsicht

Versicherungen gehören zu den versteckten Kosten der Wirtschaftstätigkeit. Dies sind nur einige Unternehmen und ein kurzer Überblick über das Thema Unternehmensversicherung. Sprechen Sie unbedingt mit einem Rechtsanwalt oder einem qualifizierten Versicherungsagenten, bevor Sie eine Entscheidung über eine Versicherung treffen. Schützen Sie sich und Ihr Unternehmen. In vielen Staaten sind E & O-Versicherungen nicht vorgeschrieben. Aber wenn Sie die Kosten für einige der Abfindungen sehen, ist es besser, auf Nummer sicher zu gehen.

Kapitel 8
Goldgrube für staatliche Zuschüsse

Wie man ein Winning schreibt

Vorschlag für eine Finanzhilfe

Goldgrube für staatliche Zuschüsse

Staatliche Zuschüsse. Viele Menschen glauben entweder nicht, dass es staatliche Zuschüsse gibt, oder sie glauben nicht, dass sie jemals in der Lage sein werden, staatliche Zuschüsse zu erhalten.

Lassen Sie uns zunächst eine Sache klarstellen. Staatliche Fördergelder sind **IHR GELD**. Das Geld der Regierung stammt aus den Steuern, die die Einwohner dieses Landes zahlen. Je nachdem, in welchem Staat Sie leben, zahlen Sie Steuern auf fast alles....Grundsteuer für Ihr Haus. Grundsteuer für Ihr Auto. Steuern auf die Dinge, die Sie im Einkaufszentrum oder an der Tankstelle kaufen. Steuern auf Ihr Benzin, die Lebensmittel, die Sie kaufen usw.

Stellen Sie sich also darauf ein, dass Sie kein Wohlfahrtsfall oder zu stolz sind, um Hilfe zu bitten, denn milliardenschwere Unternehmen wie GM, Großbanken und die meisten amerikanischen Unternehmen zögern nicht, ihren Anteil an **IHREM GELD** zu bekommen!

Es gibt über zweitausenddreihundert (2.300) Hilfsprogramme der Bundesregierung. Bei einigen handelt es sich um Darlehen, bei vielen aber auch um Formelsubventionen und Projektzuschüsse. Eine Übersicht über alle verfügbaren Programme finden Sie unter:

https://beta.sam.gov/help/assistance-listing

EINEN FINANZHILFEANTRAG SCHREIBEN

Die grundlegenden Bestandteile eines Vorschlags

Es gibt acht grundlegende Komponenten für die Erstellung eines soliden Angebotspakets:

1. Die Zusammenfassung des Vorschlags;

2. Vorstellung der Organisation;

3. Die Problemstellung (oder Bedarfsanalyse);

4. Projektziele;

5. Projektmethoden oder Design;

6. Projektbewertung;

7. Künftige Finanzierung; und

8. Das Projektbudget.

EINEN FINANZHILFEANTRAG SCHREIBEN

Die Zusammenfassung des Vorschlags

Die Zusammenfassung des Vorschlags ist ein Abriss der Projektziele. Halten Sie die Zusammenfassung kurz und prägnant. Sie sollte nicht länger als 2 oder 3 Absätze sein. Stellen Sie sie an den Anfang des Vorschlags.

Einführung

In der Einleitung Ihres Finanzhilfeantrags werden Sie und Ihr Unternehmen als glaubwürdiger Antragsteller und als glaubwürdige Organisation vorgestellt.

Heben Sie die Errungenschaften Ihrer Organisation aus allen Quellen hervor: Zeitungs- oder Online-Artikel usw. Fügen Sie eine Biografie der wichtigsten Mitglieder und Führungskräfte hinzu. Nennen Sie die Ziele und die Philosophie des Unternehmens.

Die Problemstellung

Die Problemstellung verdeutlicht das Problem, das Sie lösen wollen (z. B. die Bekämpfung der Obdachlosigkeit). Stellen Sie sicher, dass Sie Fakten verwenden. Geben Sie an, wer und wie die Betroffenen von der Lösung des Problems profitieren werden. Nennen Sie die genaue Art und Weise, wie Sie das Problem lösen werden.

EINEN FINANZHILFEANTRAG SCHREIBEN

Ziele des Projekts

Der Abschnitt "Projektziele" Ihres Finanzhilfeantrags konzentriert sich auf die Ziele und das gewünschte Ergebnis.

Stellen Sie sicher, dass Sie alle Ziele angeben und wie Sie diese Ziele erreichen wollen. Je mehr Statistiken Sie finden können, um Ihre Ziele zu untermauern, desto besser. Stellen Sie sicher, dass Sie realistische Ziele setzen. Sie können danach beurteilt werden, wie gut Sie das erreichen, was Sie sich vorgenommen haben.

Programmmethoden und -gestaltung

Der Abschnitt über die Methoden und die Gestaltung des Programms in Ihrem Finanzhilfeantrag ist ein detaillierter Aktionsplan.

> Welche Ressourcen werden verwendet?
>
> Welches Personal wird benötigt.
>
> Systementwicklung.
>
> Erstellen Sie ein Flussdiagramm der Projektmerkmale.
>
> Erläutern Sie, was erreicht werden soll.
>
> Versuchen Sie nachzuweisen, waserreichtwerden soll .
>
> Erstellen Sie ein Diagramm des Programmdesigns.

EINEN FINANZHILFEANTRAG SCHREIBEN

Bewertung

Es gibt die Produktevaluation und die Prozessevaluation. Die Produktevaluation befasst sich mit den Ergebnissen, die sich auf das Projekt beziehen, und damit, wie gut das Projekt seine Ziele erreicht hat.

Die Prozessbewertung befasst sich damit, wie das Projekt durchgeführt wurde, wie es mit dem ursprünglichen Plan übereinstimmte und wie wirksam die verschiedenen Aspekte des Plans insgesamt waren.

Evaluierungen können zu jedem Zeitpunkt während des Projekts oder bei dessen Abschluss beginnen. Es wird empfohlen, zu Beginn eines Projekts einen Bewertungsentwurf vorzulegen.

Es sieht besser aus, wenn Sie vor und während des Programms überzeugende Daten gesammelt haben.

Wenn das Evaluationsdesign nicht zu Beginn vorgestellt wird, könnte dies eine kritische Überprüfung des Programmdesigns fördern.

Künftige Finanzierung

Der Teil "Zukünftige Finanzierung" des Antrags sollte eine langfristige Projektplanung über den Förderzeitraum hinaus beinhalten.

EINEN FINANZHILFEANTRAG SCHREIBEN

Haushalt

Versorgungsunternehmen, Leihgeräte, Personal, Gehälter, Lebensmittel, Transport, Telefonrechnungen und Versicherungen sind nur einige der Dinge, die in das Budget aufgenommen werden müssen.

Ein gut ausgearbeiteter Haushaltsplan berücksichtigt jeden einzelnen Cent.

Einen vollständigen Leitfaden für staatliche Zuschüsse finden Sie unter

Katalog der inländischen Bundeshilfe. Sie können eine vollständige PDF-Version des Katalogs herunterladen.

Andere Quellen für staatliche Finanzierung

Sie können allgemeine Kredite für Kleinunternehmen von der Regierung erhalten. Weitere Informationen finden Sie bei der Small Business Administration.

SBA-Mikrokreditprogramm

Im Rahmen des Mikrokreditprogramms werden Darlehen von bis zu 50.000 Dollar gewährt, wobei der durchschnittliche Kredit 13.000 Dollar beträgt.

https://www.sba.gov/

EINEN FINANZHILFEANTRAG SCHREIBEN

Vor kurzem erhielt der Milliardär Elon Musk 4,9 Milliarden Dollar an staatlichen Subventionen. Wenn Sie zögern, staatliche Hilfe in Anspruch zu nehmen, lassen Sie das auf sich wirken. Ein Milliardär, der kaum Steuern zahlt, hat Milliarden Ihrer Steuergelder erhalten.

Staatliche Zuschüsse gibt es wirklich. Wie bei allem anderen, was sich lohnt, muss man sich anstrengen und bestimmte Voraussetzungen erfüllen, um sie zu erhalten.

Kapitel 9
Colossal Cash
von
Crowd-Finanzierung

Crowd-Finanzierung Crowd-Sourcing

Im Jahr 2015 wurden über 34 Milliarden Dollar durch Crowdfunding aufgebracht. Die Ursprünge von Crowdfunding und Crowdsourcing reichen bis ins Jahr 2005 zurück. Sie helfen dabei, Projekte zu finanzieren oder zu finanzieren, indem sie Geld von einer großen Zahl von Menschen sammeln, in der Regel über das Internet.

Diese Art der Mittelbeschaffung oder des Risikokapitals besteht in der Regel aus 3 Komponenten. Die Person oder Organisation mit einem Projekt, das finanziert werden muss, Gruppen von Menschen, die für das Projekt spenden, und eine Organisation, die eine Struktur oder Regeln aufstellt, um die beiden zusammenzubringen.

Diese Websites sind gebührenpflichtig. Die Standardgebühr für den Erfolg beträgt etwa 5 %. Wenn Ihr Ziel nicht erreicht wird, fällt ebenfalls eine Gebühr an.

Im Folgenden finden Sie eine Liste der besten Crowdfunding-Websites, die von mir und der Mitarbeiterin des Entrepreneur Magazine, Sally Outlaw, erstellt wurde.

Crowd-Finanzierung Crowd-Sourcing

https://www.indiegogo.com/

Angefangen als Plattform für die Herstellung von Filmen, hilft sie jetzt dabei, Spenden für jeden Zweck zu sammeln.

http://rockethub.com/

Angefangen als Plattform für die Kunst, hilft sie heute, Gelder für Wirtschaft, Wissenschaft, soziale Projekte und Bildung zu sammeln.

http://peerbackers.com/

Peerbackers konzentriert sich auf die Kapitalbeschaffung für Unternehmen, Unternehmer und Innovatoren.

https://www.kickstarter.com/

Die beliebteste und bekannteste aller Crowdfunding-Websites. Kickstarter konzentriert sich auf Film, Musik, Technologie, Spiele, Design und die kreative Kunst. Kickstarter nimmt nur Projekte aus den Vereinigten Staaten, Kanada und dem Vereinigten Königreich an.

Crowd-Finanzierung Crowd-Sourcing

Gruppe Growvc

http://group.growvc.com/

Diese Website ist für geschäftliche und technologische Innovationen bestimmt.

https://microventures.com/

Erhalten Sie Zugang zu Engel-Investoren. Diese Website ist für Unternehmensgründer.

https://angel.co/

Eine weitere Website für Unternehmensgründer.

https://circleup.com/

Circle up ist für innovative Verbraucherunternehmen.

https://www.patreon.com/

Wenn Sie einen YouTube-Kanal einrichten (sehr empfehlenswert), werden Sie häufig von dieser Website hören. Diese Website ist für Menschen mit kreativen Inhalten gedacht.

Crowd-Finanzierung Crowd-Sourcing

https://www.crowdrise.com/

"Sammeln Sie Geld für eine Sache, die Sie inspiriert." Der Slogan der Landing Page spricht für sich selbst. #1 Fundraising-Website für persönliche Anliegen.

https://www.gofundme.com/

Diese Fundraising-Website ermöglicht für Unternehmen, Wohltätigkeit, Bildung, Notfälle, Sport, Medizin, Gedenkstätten, Tiere, Glauben, Familie, Jungvermählte usw..

https://www.youcaring.com/

Führend im kostenlosen Fundraising. Über 400 Millionen Dollar gesammelt.

https://fundrazr.com/

FundRazr ist eine preisgekrönte Online-Fundraising-Plattform, die bereits Tausenden von Menschen und Organisationen geholfen hat, Geld zu sammeln für Dinge, die ihnen wichtig sind.

Kapitel 10 Marketing Wie Sie kostenlos eine Milliarde Menschen erreichen!

Wie Sie kostenlos eine Milliarde Menschen erreichen!

Die Vermarktung Ihres Coffeeshops ist entscheidend für dessen Erfolg. Im heutigen Geschäftsumfeld muss Marketing nicht mehr teuer sein. Mit sozialen Medien und großen Suchmaschinen wie Google und YouTube können Sie Ihr Unternehmen vor Millionen von Menschen bekannt machen, ohne dass es ein Vermögen kostet.

NULL-KOSTEN-MARKETING

Obwohl es viele Möglichkeiten der Vermarktung gibt, werden wir uns nur auf ZERO COST MARKETING konzentrieren. Sie befinden sich in der Anfangsphase. Sie können immer für die teureren Wege des Marketings gehen, nachdem Ihr Unternehmen produziert Einkommen.

KOSTENLOSES WEBHOSTING

Besorgen Sie sich eine kostenlose Website. Sie können eine kostenlose Website bei weebly.com oder wix.com einrichten. Oder geben Sie einfach "kostenloses Webhosting" in eine Suchmaschine wie Google, Bing oder Yahoo ein.

Kostenloses Webhosting kann man aus verschiedenen Gründen nutzen. Viele kostenlose Webhosting-Sites fügen jedoch eine Erweiterung zum Namen Ihrer Webadresse hinzu, die jeden wissen lässt, dass Sie ihre Dienste nutzen. Aus diesem Grund möchten Sie eventuell aufstocken, sobald Sie anfangen, Einkommen zu erzielen.

Wie Sie kostenlos eine Milliarde Menschen erreichen!

KOSTENGÜNSTIGES BEZAHLTES WEBHOSTING

Kostenlos ist schön, aber wenn Sie Ihr Geschäft ausbauen müssen, ist es am besten, einen kostenpflichtigen Webhosting-Dienst zu nutzen. Es gibt mehrere, die Ihnen einen guten Wert für unter $10,00 pro Monat bieten.

1. Yahoo Kleinunternehmen
2. Intuit.com
3. ipage.com
4. Hostgator.com
5. Godaddy.com

Yahoo Small Business ermöglicht eine unbegrenzte Anzahl von Webseiten und ist wahrscheinlich der beste Gesamtwert, aber sie verlangen eine jährliche Zahlung im Voraus. Bei Intuit sind monatliche Zahlungen möglich.

Für kostenlosen elektronischen Handel auf Ihrer Website eröffnen Sie ein Paypal-Konto und erhalten den HTML-Code für die Zahlungsschaltflächen kostenlos. Fügen Sie diese Schaltflächen dann auf Ihrer Website ein.

Wie Sie kostenlos eine Milliarde Menschen erreichen!

Schritt 1: Internet-Marketing zum Nulltarif

Jetzt, wo Ihre Website fertig ist, sollten Sie sie zumindest bei den 3 wichtigsten Suchmaschinen anmelden. 1. Google 2. Bing 3. Yahoo.

Schritt 2: Internet-Marketing zum Nulltarif

Schreiben und veröffentlichen Sie eine **Pressemitteilung**. Googeln Sie "free press release sites", um Websites zu finden, auf denen Sie kostenlos Pressemitteilungen veröffentlichen können. Wenn Sie nicht wissen, wie man eine Pressemitteilung schreibt, gehen Sie zu www.fiverr.com und geben Sie die Arbeit für nur 5,00 $ in Auftrag!!!

Schritt 3 Internet-Marketing zum Nulltarif

Schreiben Sie Artikel und reichen Sie sie auf Artikel-Marketing-Websites wie **ezinearticles.com** ein.

Schritt 4: Internet-Marketing zum Nulltarif

Erstellen Sie Videos und stellen Sie sie auf Videoportalen wie dailymotion.com oder **youtube.com** ein. Achten Sie darauf, einen Hyperlink zu Ihrer Website in die Beschreibung Ihrer Videos aufzunehmen.

Schritt 5: Internet-Marketing zum Nulltarif

Melden Sie Ihre Website bei **dmoz.org** an. Dies ist ein großes offenes Verzeichnis, das viele kleinere Suchmaschinen nutzen, um Websites für ihre Datenbank zu erhalten.

Wie Sie kostenlos eine Milliarde Menschen erreichen!

YouTube hat über eine Milliarde Nutzer. Vielleicht haben Sie bereits einen YouTube-Kanal und sind gut im Erstellen von Videos. Wenn Sie jedoch nicht damit vertraut sind, wie man Videos erstellt und auf YouTube hochlädt, können Sie eine Website namens .... besuchen.

fiverr

https://www.fiverr.com/

https://goo.gl/R9x7NU

https://goo.gl/B7uF4L

https://goo.gl/YZ6VdS

https://goo.gl/RoPurV

Bei fiverr können Sie schnell und einfach ein YouTube-Video für nur 5,00 $ erstellen lassen.
   (derzeit wird auch eine Servicegebühr von 1 $ erhoben)

Für weniger als eine Kinokarte können Sie also einen Werbespot für Ihre Immobilie oder Ihr Unternehmen 24 Stunden am Tag und 7 Tage die Woche laufen lassen.

Sobald das Video hochgeladen ist, müssen Sie wissen, wie Sie die Leute dazu bringen, Ihr Video anzusehen. Hier kommt die SEO-Suchmaschinenoptimierung ins Spiel.

Wie Sie kostenlos eine Milliarde Menschen erreichen!

Ihr Video wird gesehen

YouTube liest jede Interaktion des Zuschauers mit Ihrem Video als Zeichen dafür, dass Ihr Video interessant ist. Ein "Daumen hoch" oder "Gefällt mir" erhöht also das Ranking deines Videos.

Zuschauerkommentare können ein Video in den Suchergebnissen verbessern. Ein Tipp, um einen Zuschauer dazu zu bringen, einen Kommentar zu hinterlassen, ist der Satz "Ich bin neugierig, was Sie über (Thema einfügen) denken. Eine andere Möglichkeit, um Zuschauerkommentare zu erhalten, besteht darin, ein Video über Waffenkontrollgesetze, Beziehungen zwischen Ethnien, Abtreibungsrechte oder ein anderes kontroverses Thema zu erstellen.

YouTube kann jedes Mal, wenn Sie ein Video hochladen, eine Benachrichtigung an alle Ihre Abonnenten senden. Je mehr Abonnenten Sie haben, desto größer ist die Chance, dass Ihr Video angesehen wird, und die Aufrufe helfen, das Video in den YouTube-Suchergebnissen höher einzustufen.

Wenn Sie Ihre Zuschauer dazu bringen, einen Link auf ihren Social-Media-Seiten zu teilen, wird unser Video zum viralen Ereignis. Großartige oder unterhaltsame Inhalte sind der Schlüssel. Es schadet auch nicht, den Zuschauer einfach zu bitten, es zu tun.

Anstatt in jedem Video dasselbe zu sagen, können Sie ein "Abschlussvideo" erstellen und es auf YouTube hochladen. Dann können Sie den YouTube-Editor verwenden, um ihn zu jedem Video hinzuzufügen, das Sie hochladen.

Wie Sie kostenlos eine Milliarde Menschen erreichen!

Suchmaschinenoptimierung (SEO) ist der Begriff für die Techniken, die verwendet werden, um Besucher auf Ihr Video zu lenken. Viele Leute verwenden Taktiken, die gegen die YouTube-Regeln verstoßen, um Besucher zu ihren Videos zu bringen. Diese werden als "Black Hat" bezeichnet. Es gibt viele Websites, auf denen Sie Aufrufe für Ihre Videos kaufen können. Ich würde Ihnen raten, sich von allen möglichen unethischen Taktiken fernzuhalten. Holen Sie sich Ihre Aufrufe organisch.

Sie können Ihrem Video einen guten Start verschaffen, indem Sie es als Link an alle Personen senden, die Sie regelmäßig per E-Mail erreichen.

Google Keyword-Tool

Sie beginnen Ihre Suchmaschinenoptimierung mit dem Google Keyword Tool. Gehen Sie zu

https://adwords.google.com/KeywordPlanner

Dort geben Sie Ihr Hauptkeyword oder Ihre Keyword-Phrase ein. Google zeigt Ihnen dann etwa 700-1200 Ergebnisse an, die für Ihr ursprüngliches Schlüsselwort oder Ihren Schlüsselwortsatz relevant sind. Die Auswahl der richtigen Schlüsselwörter für Ihr Video ist der Schlüssel zu einer guten Platzierung Ihrer Videos.

Wie Sie kostenlos eine Milliarde Menschen erreichen!

Wie Sie Ihre Schlüsselwörter auswählen

Sobald Sie Ihre 700 Ergebnisse haben, können Sie die Ergebnisse nach Relevanz sortieren. So haben Sie eine hohe Chance, für das ursprünglich eingegebene Schlüsselwort oder die Phrase zu ranken.

Sie können Ihre Ergebnisse nach Wettbewerb sortieren. Sie können Keywords oder Phrasen mit geringem Wettbewerb wählen, um Ihre Chancen auf eine Platzierung zu erhöhen. Die Keywords mit geringem Wettbewerb haben in der Regel weniger Suchanfragen "pro Monat", aber eine Kombination aus mehreren Rankings kann manchmal besser sein als nur ein Keyword zu platzieren.

Artikel Marketing

Ezine Articles ist eine der besten Artikel-Marketing-Seiten im Internet. Sie können sich kostenlos anmelden unter http://ezinearticles.com/. Sobald Sie der Website beigetreten sind, können Sie Artikel auf diese Website hochladen, die für Ihr YouTube-Video relevant sind. Ezine ermöglicht es Ihnen, einen Link in Ihrem Artikel zu platzieren. Der Link kann zu Ihrem YouTube-Traffic zurückführen und die Anzahl der Aufrufe drastisch erhöhen.

Wenn Sie Ihren Artikel schreiben, sollten Sie versuchen, so viel wie möglich an Ihr YouTube-Video anzupassen. Verwenden Sie so oft wie möglich dieselben Überschriften, Titel und Beschreibungen. YouTube und Google lieben Relevanz.

Wie Sie kostenlos eine Milliarde Menschen erreichen!

Ihr Artikel sollte zwischen 700 und 800 Wörtern umfassen. Dies ist in etwa der Umfang, den viele Blogs bevorzugen. Sobald Ihr Artikel auf Ezine articles hochgeladen ist, kann er von jeder Website der Welt übernommen werden. Ich hatte einmal einen Artikel über die Vermarktung von Fotografie, der von fast 800 Blogs auf der ganzen Welt aufgegriffen wurde. Viele von ihnen haben den Link im Artikel hinterlassen, und das hat tonnenweise Besucher auf meine Videos oder meine Website gelenkt. Nicht alle Blogs sind ethisch korrekt, und viele entfernen Ihren Link, um die Besucher auf ihrer Website zu halten. Viele werden auch Ihren Link durch ihren eigenen ersetzen. Sie werden es nicht wissen, bis Sie es versuchen.

Mitteilungen an die Presse

Eine der wirkungsvollsten Methoden, um die Besucherzahlen für Ihre Videos zu erhöhen, ist das Verfassen und Veröffentlichen einer Pressemitteilung. Wenn Sie noch nie eine Pressemitteilung geschrieben haben, lassen Sie sich nicht einschüchtern. Sie können eine Website www.fiverr.com besuchen und eine Pressemitteilung für nur 5,00 $ schreiben lassen!

Wenn Sie die Pressemitteilung selbst verfassen möchten, finden Sie hier einige Tipps.

Das Grundformat sind 3 Absätze auf einer Seite, zur sofortigen Veröffentlichung. Es sei denn, es handelt sich um ein Datum wie z. B. einen Feiertag, bei dem der Redakteur die Veröffentlichung verschieben sollte.

Wie Sie kostenlos eine Milliarde Menschen erreichen!

Die Überschrift sollte Aufmerksamkeit erregen. Wenn Sie die Aufmerksamkeit des Redakteurs nicht auf sich ziehen, wird der Rest der Pressemitteilung nicht gelesen werden. Schauen Sie sich auf Webseiten für Pressemitteilungen veröffentlichte Pressemitteilungen an und studieren Sie die Überschriften und das richtige Format.

Nachdem Sie Ihre Überschrift formuliert haben, schreiben Sie 3 Absätze. Der erste Absatz ist eine kurze Zusammenfassung dessen, worum es in Ihrer Geschichte geht. "Aber ich habe so viel zu erzählen, dass ich es nicht in einem kurzen Absatz zusammenfassen kann." Über den Revolutionskrieg gibt es eine Menge großartiger Geschichten. Ganze 2-Stunden-Filme sind darüber gedreht worden. Hier ist eine Beschreibung dieser Ereignisse in zwei Sätzen. Die zukünftigen Kolonien der Vereinigten Staaten kämpften gegen die Briten. Die Kolonien haben gewonnen!

Absatz zwei ist die Beschreibung Ihrer Geschichte. Bleiben Sie in der Form eines Nachrichtenberichts. Versuchen Sie nicht, in Ihrer Pressemitteilung etwas zu verkaufen. Unterhaltungsshows sind gut darin, einen Prominenten einzuladen, eine kleine Aufnahme zu machen und dann das Interview mit einer Werbung für ihr Produkt oder ihre Sache zu beenden...

Absatz drei ist Ihr Aufruf zum Handeln. "Für weitere Informationen darüber, wie man den Opfern von Dipsy-Doodle-itis rufen Sie 555-1212 an oder klicken Sie auf diesen Link".

Die meisten Webseiten für Pressemitteilungen erlauben Ihnen, mindestens einen Link in Ihrer Pressemitteilung zu platzieren.

Wie Sie kostenlos eine Milliarde Menschen erreichen!

Hier ist eine Liste der fünf besten kostenlosen Websites für Pressemitteilungen:

Top kostenlose Webseiten für Pressemitteilungen

https://www.prlog.org

https://www.pr.com

https://www.pr-inside.com

https://www.newswire.com

https://www.OnlinePRNews.com

Wie Sie kostenlos eine Milliarde Menschen erreichen!

Websites für soziale Medien

Wenn Sie Ihre Videos auf YouTube hochladen, sollten Sie Ihr eigenes Video kommentieren und mögen. Sobald Ihnen Ihr eigenes Video gefällt, bietet YouTube Ihnen die Möglichkeit, das Video mit leistungsstarken Websites für soziale Medien zu verknüpfen. Sie müssen also diesen Websites beitreten, bevor Sie Ihre Videos hochladen. Im Folgenden finden Sie eine Liste mit einigen der Social-Media-Websites, denen Sie beitreten sollten. Wenn Sie Ihre Videos mit diesen Websites verlinken, entsteht ein Backlink zu einer hoch bewerteten Website, die wiederum in den YouTube- und Google-Algorithmus einfließt, um festzustellen, welches Video als relevant und beliebt gilt.

Websites für soziale Medien

https://www.facebook.com

https://www.tumbler.com

https://www.pinterest.com

https://www.reddit.com

https://www.linkedin.com/

http://digg.com/

https://twitter.com

https://plus.google.com/

Wie Sie kostenlos eine Milliarde Menschen erreichen!

Schließlich ist eine der erfolgreichsten Marketingmethoden, die heute eingesetzt werden, das "Permission Marketing". Das bedeutet, dass Sie einen potenziellen Kunden dazu bringen, Ihnen seine E-Mail-Adresse und damit die Erlaubnis zu geben, ihn zu vermarkten.

Sie benötigen eine Marketingautomatisierungsplattform und einen E-Mail-Marketingdienst. Diese Unternehmen speichern und verschicken Ihre E-Mails.

Getresponse, MailChimp und Aweber sind einige der beliebtesten Autoresponder-Unternehmen für die E-Mail-Speicherung.

Um eine E-Mail-Liste aufzubauen, müssen Sie normalerweise ein kostenloses Produkt, einen Bericht oder ein Buch im Austausch für die E-Mail-Adresse anbieten. Dann schicken Sie sie auf eine Webseite, die die E-Mail-Adresse erfasst und speichert.

Kapitel 11
HUNDEZUCHT WEB-RESSOURCENFÜHRER

Web-Ressourcen-Rolodex für den Großhandel

Zum Zeitpunkt der Abfassung dieses Buches sind die Websites aller unten aufgeführten Unternehmen in Betrieb und aktiv. Von Zeit zu Zeit geben Unternehmen ihr Geschäft auf oder ändern ihre Webadresse. Anstatt Ihnen also nur 1 Quelle zu nennen, gebe ich Ihnen viele zur Auswahl.

Zubehör für die Hundezucht

http://goo.gl/R9DDto

http://www.valleyvet.com/c/pet-supplies/dog-breeding-supplies.html

http://www.breederssupply.com/

http://www.atozvetsupply.com/Breeder-supplies-s/20.htm

https://www.exodusbreeders.com/

Organisationen

http://www.adbadogs.com/p_home.asp

http://www.arba.org/

http://www.iwdba.org/

Vollständige Liste der anerkannten Hunderassen

http://www.akc.org/dog-breeds/

Zubehör für die Hundeausbildung

http://www.dog-training.com/

http://www.roverpet.com/

http://www.dogsupplies.com/

http://www.petwholesaler.com/index.php

http://www.happytailsspa.com/

http://www.futurepet.com/

http://www.petmanufacturers.com/

http://www.k9bytesgifts.com/

http://www.kingwholesale.com/

http://www.upco.com/

ZERTIFIZIERUNGSPROGRAMME

http://www.ccpdt.org/

https://apdt.com/join/certification/

Informationen für Hunde
www.rainbowridgekennels.com

TRANSPORT
Gebrauchte Trucks/CARS Online

http://gsaauctions.gov/gsaauctions/gsaauctions/

http://www.ebay.com/motors

http://www.uhaul.com/TruckSales/

http://www.usedtrucks.ryder.com/vehicle/VehicleSearch.aspx?VehicleTypeId=1&VehicleGroupId=3

http://www.penskeusedtrucks.com/truck-types/light-and-medium-duty/

Teile

http://www.truckchamp.com/

http://www.autopartswarehouse.com/

Fahrräder & Motorräder

http://gsaauctions.gov/gsaauctions/aucindx/

http://www.bikesdirect.com/products/used-bikes/?gclid=CLCF0vaDm7kCFYtDMgodzW0AXQ

http://www.overstock.com/Sports-Toys/Cycling/450/cat.html

http://www.nashbar.com/bikes/TopCategories_10053_10052_-1

http://www.bti-usa.com/

http://evosales.com/

COMPUTER/Bürogeräte

http://www.wtsmedia.com/

http://www.laptopplaza.com/

http://www.outletpc.com/

Computer-Werkzeugkästen

http://www.dhgate.com/wholesale/computer+repair+tools.html

http://www.aliexpress.com/wholesale/wholesale-repair-computer-tool.html

http://wholesalecomputercables.com/Computer-Reparatur-Tool-Kit/M/B00006OXGZ.htm

http://www.amazon.com/Wholesale-Computer-Repair-Screwdriver-Insert/dp/B009KV1MM0

http://www.tigerdirect.com/applications/category/category_tlc.asp?CatId=47&name=Computer%20Tools

Computer Teile

http://www.laptopuniverse.com/

http://www.sabcal.com/

andere

http://www.nearbyexpress.com/

http://www.commercialbargains.co

http://www.getpaid2workfromhome.com

http://www.boyerblog.com/success-tools

American Merchandise Liquidators

http://www.amlinc.com/

Der Ausverkaufsclub

http://www.thecloseoutclub.com/

RJ-Rabattverkäufe

http://www.rjsks.com/

St louis großhandel

http://www.stlouiswholesale.com/

Großhandel Elektronik

http://www.weisd.com/

Ana-Großhandel

http://www.anawholesale.com/

Bürogroßhandel

http://www.1-computerdesks.com/

1aaa Großhandel mit Waren

http://www.1aaawholesalemerchandise.com/

Großhandel

http://www.biglotswholesale.com/

Weitere Business-Ressourcen

1. http://www.sba.gov/content/starting-green-business

Heimarbeitsplätze

2. http://www.sba.gov/content/home-based-business

3. Online-Unternehmen

http://www.sba.gov/content/setting-online-business

4. Selbstständige und unabhängige Auftragnehmer

http://www.sba.gov/content/self-employed-independent-contractors

5. Unternehmen im Minderheitenbesitz

http://www.sba.gov/content/minority-owned-businesses

6. Unternehmen im Besitz von Veteranen

http://www.sba.gov/content/veteran-service-disabled-veteran-owned

7. Unternehmen im Besitz von Frauen

http://www.sba.gov/content/women-owned-businesses

8. Menschen mit Behinderungen

http://www.sba.gov/content/people-with-disabilities

9. Jungunternehmer

http://www.sba.gov/content/young-entrepreneurs

Wenn Ihnen dieses Buch gefallen hat, nehmen Sie sich bitte die Zeit, Ihre Gedanken mitzuteilen und eine Rezension auf Amazon zu veröffentlichen. Wir würden das sehr begrüßen!

Vielen Dank,

Brian Mahoney

Das könnte Sie auch interessieren:

Wie man Geld für die Gründung eines kleinen Unternehmens erhält:
Wie man viel Geld durch Crowdfunding, staatliche Zuschüsse und staatliche Darlehen erhält

Von Ramsey Colwell

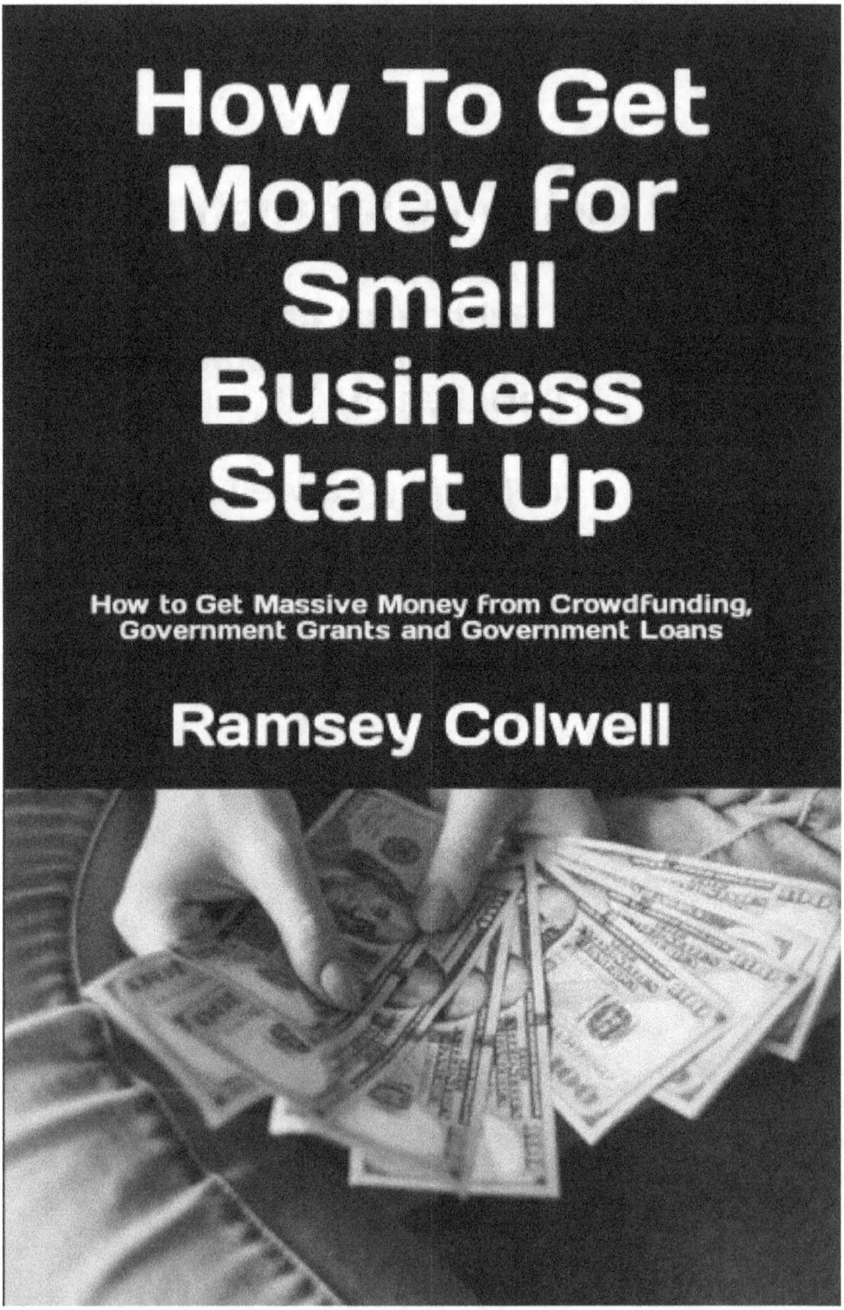

Von Ramsey Colwell

www.ingramcontent.com/pod-product-compliance
Lightning Source LLC
LaVergne TN
LVHW012027060526
838201LV00061B/4504